Bisher in der Reihe
„Guinness World Records für Erstleser"
erschienen:

ISBN 978-3-473-46262-9

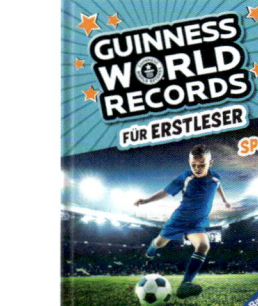

ISBN 978-3-473-46260-5

ISBN 978-3-473-46261-2

GUINNESS WORLD RECORDS

FÜR ERSTLESER

DINOSAURIER

Ravensburger

  **Gewicht**

 **Größe, Länge**

 **Schnelligkeit**

 **Datum, Alter**

FSC www.fsc.org MIX Papier | Fördert gute Waldnutzung FSC® C111262

1 3 5 4 2
© 2023 Ravensburger Verlag GmbH
Postfach 2460, 88194 Ravensburg
© 2019–2022 Guinness World Records Limited
Textbearbeitung: Carola von Kessel
Gestaltung: Maria Seidel, atelier-seidel.de
Printed in Germany
ISBN 978-3-473-46220-9

ravensburger.com

Hallo!
Schön, dass du
hier bist!

Inhalt

⭐ Wahnsinnig groß!
Unglaublich klein! 9

⭐ Nachwuchs bei
den Dinos 29

⭐ Dino-Forschung 35

⭐ Dinos heute 51

Wahnsinnig groß!

_____

Unglaublich klein!

Lang wie ein Flugzeug

Die größten Dinosaurier gehörten zur Gruppe der Sauropoden. Sie liefen auf 4 Beinen und fraßen Pflanzen.

Der Amphicoelias war so lang **wie ein großes Flugzeug:** 60 Meter!

Wer ist länger?

Schwergewicht

Einer der schwersten Dinos war der Argentinosaurus. Mit **60 bis 90 Tonnen** wog er mehr als 10 Elefanten.

Kleiner Verwandter

Auch der Ohmdenosaurus zählte zu den Sauropoden. Mit **nur 4 Metern Länge** war er für einen Pflanzenfresser sehr klein.

Ohmdenosaurus
Bedeutung: Echse aus Ohmden
Futter: Pflanzen
Zeit: vor etwa 180 Millionen (Mio.) Jahren
Fundort: Deutschland

Oculudentavis
Bedeutung: Augenzahnvogel
Futter: Fleisch
Zeit: vor etwa 99 Mio. Jahren
Fundort: Myanmar

So ein Winzling!

Der kleinste Dino war nicht einmal 2 Zentimeter groß und hätte auf deine Hand gepasst. Er sah wahrscheinlich aus **wie ein Vogel mit großen Augen und spitzen Zähnen.** Daher bekam er den Namen Augenzahnvogel.

**Von hier oben
habe ich
alles im Blick!**

Guter Ausblick

Der **Hals** des Sauroposeidon
war so lang wie ein Linienbus.
Der riesige Dino trug seinen Kopf
18 Meter über dem Boden.

Größter Fleischfresser

Der Spinosaurus war der größte Fleischfresser
unter den Dinos. Von der Schnauze bis zur
Schwanzspitze war er beinahe so lang wie ein
Spielfeld beim Volleyball.

 ◀ • • • • • • **17 m** • • •  • • • • • • ▶

Großmaul

Der Kopf des Spinosaurus war mit 1,75 Metern so lang wie ein erwachsener Mensch. Mit seinen **spitzen Zähnen** schnappte sich der Dino vor allem Fische.

Spinosaurus
Bedeutung: Stachelige Echse
Futter: Fische und andere Tiere
Zeit: vor 110–90 Mio. Jahren
Fundort: Nordafrika

Harter Panzer

Ankylosaurus
Bedeutung: Gekrümmte Echse
Futter: Pflanzen
Zeit: vor 74–66 Mio. Jahren
Fundort: Nordamerika

Der Ankylosaurus war mit festen Platten bedeckt. Sie schützten ihn **wie ein Panzer.** Mit bis zu 10 Metern Länge war der Ankylosaurus der größte gepanzerte Dino.

Größter Stegosaurier

Der größte
Stegosaurier war etwa
9 Meter lang. An seiner
Oberseite ragten riesige Platten
und Stacheln nach oben.

Bitte nicht beißen

Englische Forscher haben den Schädel und die
Muskeln eines T-Rex am Computer nachgeahmt.
So konnten sie testen, wie fest der Dino zubeißen
konnte. **Sein Biss war stärker als bei jedem
anderen Landtier:**
Es wirkte dieselbe
Kraft wie bei einem
Elefanten, der sich
auf etwas setzt.

Riese mit Federn

Das größte Federtier aller Zeiten war der Dino Yutyrannus. **Der 9 Meter lange Theropode trug am ganzen Körper Federn.**

Mit meinen flauschigen Federn konnte ich nicht fliegen.

12–13 m

Kopfnuss

Der Stegosaurus hatte im Vergleich zu seiner Größe **das kleinste Gehirn.** Es war nur so groß wie eine Zitrone.

Ganz schön schwer, mein Schädel!

Gewaltiger Schädel

Der größte gefundene Schädel eines Dinosauriers stammt von einem Pentaceratops. Der Kopf ist mit Nackenschild **3,2 Meter hoch.**

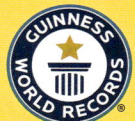

Stegosaurus

Bedeutung: Dachechse
Futter: Pflanzen
Zeit: vor 156 – 145 Mio. Jahren
Fundorte: Nordamerika, Europa

Superhirn

Die Troodontiden waren kleine Raubsaurier. Im Verhältnis zu ihrem Körper hatten sie größere Gehirne als alle anderen Dinos. Ihre riesigen Augen deuten darauf hin, dass sie vor allem **nachts auf die Jagd gingen.**

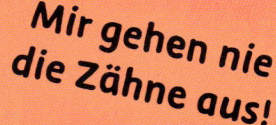

Mir gehen nie die Zähne aus!

So viele Zähne!

Der Edmontosaurus hatte mehr als **1000 Zähne.** Sie lagen in Reihen übereinander. Wenn die oberste Schicht abgenutzt war, kaute der Dino einfach mit der nächsten Zahnreihe weiter.

Breit wie ein Lkw

Mit 2,5 Metern war der Ankylosaurus so breit wie ein Lastwagen. Am Ende seines Schwanzes trug er **eine dicke Keule.** Damit konnte er sich verteidigen. Aber wer legte sich schon mit so einem Koloss an?

Herausragend

Der Kosmoceratops hält den Rekord für die meisten Hörner: Auf seinem Kopf und seiner Halskrause saßen insgesamt 15 davon. **Das sind mehr Hörner als bei jedem anderen Tier.**

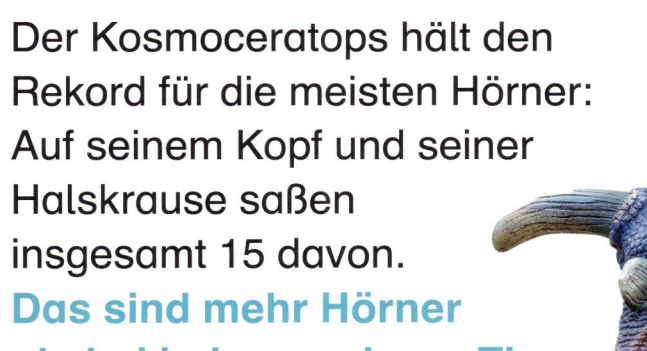

Der Dino hatte 5 Hörner im Gesicht und 10 an der Halskrause.

Krallen schneiden? Nein, danke!

Schreckliche Krallen

Der Therizinosaurus hatte an jeder Hand 3 gigantische Krallen. **Sie waren bis zu 91 Zentimeter lang.** Vielleicht grub der Dino damit nach Insekten.

Kopfschmuck

Die größten Hörner von Dinos waren bis zu 1,2 Meter lang. Sie gehörten den Ceratopsiern Triceratops, Torosaurus und Coahuilaceratops.

Mit meinen Hörnern kann ich Angreifer abwehren und Partner beeindrucken.

Schutz vor Bissen

Der Amargasaurus hatte **zwei Reihen von Stacheln** auf dem Rücken. Sie waren bis zu 60 Zentimeter lang.

Die Stacheln schützten den Dino vermutlich vor Bissen.

Ganz schön stachelig!

Die längsten Stacheln eines Dinos waren mindestens 1 Meter lang. Sie saßen **am Schwanz** eines Loricatosaurus.

Vielleicht waren die Stacheln beim lebenden Dino von Horn umgeben und dadurch noch länger.

Dicker Schädel

Der Pachycephalosaurus trug eine feste Knochenhaube auf dem Kopf. Vielleicht **rammte er seine Gegner** mit dem 20 Zentimeter dicken Schädeldach.

Pachycephalosaurus

Bedeutung: Dickkopfechse
Futter: Pflanzen, vielleicht auch kleine Tiere
Zeit: vor 70 – 66 Mio. Jahren
Fundort: Nordamerika

Größter Dickkopf

Der größte Pachycephalosaurus war mit etwa 7 Metern **doppelt so lang wie ein Nashorn.** Seine versteinerten Knochen wurden im US-Bundesstaat Wyoming gefunden.

Krasse Arme

Der Deinocheirus hatte **2,4 Meter lange Arme** mit riesigen Krallen. Er lief auf 2 Beinen und sah wohl so ähnlich aus wie ein Vogel Strauß.

Aus diesen Dinos entwickelten sich vielleicht die Laufvögel.

Schlangenhals

Der Hals des Omeisaurus tianfuensis war mit 9 Metern etwa 4-mal so lang wie sein Körper. Der Pflanzenfresser hatte **17 Halswirbel.** Eine Giraffe hat nur 7.

Langes Ende

Der Dino Leaellynasaura
war nicht sehr groß,
aber er hatte einen
beeindruckenden Schwanz.
Mit 2,25 Metern war der
Schwanz **etwa 3-mal
so lang wie der Körper.**

Im Schwanz von
Leaellynasaura
steckten mehr
als 70 Knochen.

Riesige Peitsche

Der Schwanz des Diplodocus war mit bis zu
14 Metern **so lang wie ein großer Lastwagen.**
Vielleicht konnte der Dino mit dem Schwanz
knallen, wenn er ihn wie eine Peitsche schwang.

Kein Mensch weiß, ob ich wie eine Ente quaken konnte.

Dino mit Schnabel

Die Hadrosaurier hatten flache Schnauzen, die wie Entenschnäbel aussahen. Die Pflanzenfresser lebten in Gruppen zusammen.

Der größte Hadrosaurier war mit mehr als 9 Metern Länge der Lambeosaurus.

Diplodocus

Bedeutung: Doppelbalken
Futter: Pflanzen
Zeit: vor 155–145 Mio. Jahren
Fundort: Nordamerika

14 m

Zeitgenossen

Die Tiere auf diesen Seiten waren keine Dinos. Sie lebten aber zur selben Zeit wie die Dinosaurier.

Lebendes Flugzeug

Der Quetzalcoatlus northropi war das größte fliegende Tier aller Zeiten. Mit einer **Spannweite von 11 bis 13 Metern** war der Flugsaurier so breit wie ein Segelflugzeug.

Riese im Meer

Der Shonisaurus sikanniensis gehörte zu den Ichthyosauriern. Diese Reptilien lebten vor vielen Millionen Jahren in den Meeren. Mit etwa 21 Metern war der Shonisaurus **so lang wie 7 Pferde hintereinander.**

◀ • • • • • 21 m • • • • • ▶

Schwall aus der Urzeit

Vor etwa 160 Millionen Jahren hat wohl ein Ichthyosaurier sein Fressen nicht vertragen. Das älteste gefundene **Erbrochene** stammt von einem dieser Meeressaurier.

Endloser Hals

Auch der Albertonectes lebte im Meer. Er hatte **mehr Halswirbel** als alle anderen Tiere auf der Erde. In seinem 7 Meter langen Hals steckten 76 Wirbel.

Von wegen ausgestorben!

Man hielt den Quastenflosser lange für ausgestorben, bis 1938 der erste lebende dieser riesigen Fische gefangen wurde.

Ich lebe noch!

Nachwuchs bei den Dinos

Ältester Nistplatz

Der älteste Nistplatz von Dinosauriern wurde in Südafrika gefunden. Er besteht aus 10 Nestern des Massospondylus. **Die versteinerten Funde sind 190 Millionen Jahre alt.**

★ **Der Psittacosaurus ernährte sich von Pflanzen.** ★

★ **Der Massospondylus war ein Vorfahre des Diplodocus.** ★

So viele Eier!

Das Dino-Nest mit den meisten Eiern stammt von einem Psittacosaurus. Vor etwa 110 Millionen Jahren hat ein Weibchen dieser Art **34 Eier** gelegt. In der Mongolei fand man das Skelett der Mutter bei den Eiern.

Riesige Eier

Die größten Dino-Eier hatten den Umfang eines Basketballs. Das fanden Fachleute anhand von Bruchstücken heraus. **Die Eier stammen von einem Hypselosaurus.**

Große Kinderstube

In China wurde das größte Nest eines Dinosauriers entdeckt. Ein Macroelongatoolithus hat es vor 90 bis 70 Millionen Jahren gebaut. **In dem 3 Meter großen Nest lagen 28 riesige Eier.**

Jedes Ei war so lang wie ein großes Lineal.

◀ • • • • • • • • • • • **3 m** • • • • • • • • • • ▶

Winziges Ei

Das kleinste versteinerte Ei eines Dinos ist mit 4,5 Zentimetern Länge etwas **kleiner als ein Hühnerei.** Vor 113 bis 100 Millionen Jahren wurde es von einem Himeoolithus murakamii gelegt.

◀ •• **4,5 cm** •• ▶

Originalgröße

Das Ei wurde in Japan gefunden.

Uralter Bau

Im US-Bundesstaat Montana fand man den frühesten Bau eines Wirbeltiers mit den Resten von 3 Dinosauriern. **Vermutlich haben die Dinos die Höhle selbst gegraben.**

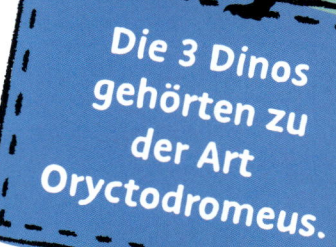

Die 3 Dinos gehörten zu der Art Oryctodromeus.

Dino-
Forschung

1

Wie alles anfing

Der Megalosaurus wurde als erster Dino wissenschaftlich beschrieben. Im Jahr 1818 entdeckten Arbeiter die ersten versteinerten Knochen von ihm. **Solche Überreste nennt man Fossilien.**

Der Megalosaurus war ein Fleischfresser und lief auf 2 Beinen.

Uralter Dino

Die ältesten Überreste eines Dinosauriers fand man im afrikanischen Tansania. Die Fossilien eines Nyasasaurus parringtoni sind 240 Millionen Jahre alt.

Der Nyasasaurus war etwa so hoch wie ein großer Hund.

Obwohl der Dilong viel kleiner war, hatte er längere Arme als der T-Rex.

Vorfahre des T-Rex

In China wurden die Reste eines Dilong ausgegraben. Er zählt zu den frühesten Tyrannosauriern und lebte vor 139 bis 128 Millionen Jahren.

Früher Vogel

Der Protarchaeopteryx gilt als einer der ersten
Vögel. Er war so groß wie ein Truthahn und hatte
Federn, konnte aber **nicht fliegen.**

Achtung, giftig!

Der Sinornithosaurus war
vielleicht der erste Dino,
**der seine Beute mit Gift
jagte.** Besondere Rillen an
seinen Zähnen deuten darauf
hin. Der kleine Theropode
lebte vor 146 bis 120
Millionen Jahren.

Massengrab

Im US-Bundesstaat New Mexico wurden die meisten Skelette von Dinos an einer Stelle entdeckt. Dort sind Hunderte von Coelophysis gestorben.
Aber woran?
Das weiß niemand.

Vielleicht kamen die Dinos nach dem Ausbruch eines Vulkans ums Leben.

Vermutlich starben dort 12 bis 26 Albertosaurier.

Tod im Rudel

Die größte Ansammlung von Tyrannosaurier-
Knochen wurde in Kanada ausgegraben.
Noch ist nicht sicher, von wie vielen Tieren
die Funde stammen.

Fast vollständig

In Kanada fand man einen
Gorgosaurus, dem **nur wenige
Knochen fehlen.** Es handelt
sich um den vollständigsten
Fund eines Tyrannosauriers.
Der etwa 5 Meter lange Dino
war noch nicht ausgewachsen.

T-Rex am Stück

Unter **dem Namen Sue** wurde ein gut erhaltener Tyrannosaurus Rex bekannt. Sue ist vollständiger als alle anderen Skelette eines T-Rex.

Das Skelett wurde nach seiner Entdeckerin Sue Hendrickson benannt.

Dino mit Schnabel

Die Ornithomimosaurier
sahen wie große Laufvögel
aus. Das am besten erhaltene
Fossil stammt aus Kanada.
Dort fand man fast alle
Knochen eines solchen
Dinos **samt Schnabel
und Spuren der Federn.**

Bei dem Skelett
fehlen nur einige
Fingerknochen.

Gehirn aus Stein

In England wurden 2004 die ersten versteinerten
Reste eines Gehirns aus der Urzeit gefunden.
Das Hirngewebe stammt von einem Iguanodon
und ist 133 Millionen Jahre alt.

12 Jahre nach dem Fund
bestätigten Fachleute,
dass es sich um
Hirngewebe handelt.

Mumie aus der Urzeit

Weltweit wurden bisher nur 4 Mumien von Dinos entdeckt. Der Körper eines Brachylophosaurus ist am besten erhalten. Zu der 77 Millionen Jahre alten Mumie gehören **Knochen, Haut, Muskeln und Schuppen.**

Die Mumie bekam den Namen Leonardo.

Schwanz in Bernstein

Sogar die Federn am Schwanz sind noch erhalten.

In Myanmar stieß ein Mann 2015 erstmals auf den Schwanz eines Dinos in Bernstein. Der Schwanz gehörte einem Theropoden, der vor 99 Millionen Jahren lebte.

Skelett mit Hörnern

Den Triceratops erkennt man **an seinen 3 Hörnern und dem Nackenschild.** Das größte Skelett eines Triceratops ist etwa 7,15 Meter lang und fast 3 Meter hoch.

Triceratops

Bedeutung: Dreihorngesicht
Futter: Pflanzen
Zeit: vor 67 – 66 Mio. Jahren
Fundort: Nordamerika

Unter der Lupe

Die kleinsten Fußspuren eines Dinosauriers sind **so groß wie eine Mücke.** Ein Theropode hat die 10 Millimeter langen Abdrücke in Südkorea hinter-lassen. Vermutlich war der Dino **so klein wie ein Spatz.**

Auf großem Fuß

In Australien wurden riesige Fußabdrücke eines Dinos gefunden. Der größte ist mit 1,7 Metern etwa **7-mal so lang wie der Fuß eines Erwachsenen.** Die Spuren stammen von einem gewaltigen Sauropoden.

1,7 m

Treffpunkt der Dinos

Mehr als **5 000 Fußabdrücke** haben Dinosaurier auf einer Steinfläche in Südamerika hinterlassen. Sie wurden auf einer Mauer in Bolivien entdeckt.

Als die Dinos dort entlangliefen, lag die Steinfläche noch flach am Boden.

Lange Spur

Zu den 250
verschiedenen
Spuren in Bolivien
zählt auch die
längste Reihe
von Abdrücken
eines Dinosauriers.
Sie ist **etwa 350 Meter** lang und
stammt von einem Theropoden.

Jede Menge Fossilien

Nahe der chinesischen Stadt
Zhucheng wurden **mehr
als 7 600 Fossilien**
von Dinos gefunden.
Damit hält der Ort den
Rekord für die größte
Fundstätte der Welt.

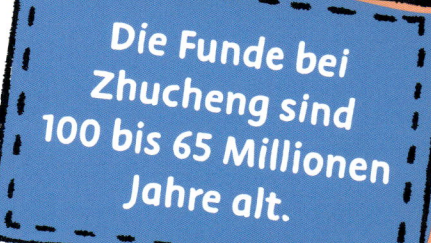

Die Funde bei
Zhucheng sind
100 bis 65 Millionen
Jahre alt.

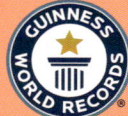

Letzte Mahlzeit

Die am besten erhaltenen Reste eines
Borealopeltas wurden in Kanada entdeckt.
Zu dem Fund gehören Haut, Schuppen und
sogar der Inhalt des Magens.

Borealopelta war
etwa 5,5 Meter
lang und wog
1300 Kilo.

◄ • • • • • • • • • 5,5 m • • • • • • • • ►

Ältester Hadrosaurier

Das älteste Fossil eines Hadrosauriers ist
95,5 Millionen Jahre alt. Der Forscher Gary Byrd
hat es im US-Bundesstaat Texas gefunden.
**Der Dino wurde nach ihm benannt und heißt
Protohadros byrdi.**

Jüngster Entdecker

Auch Kinder können Fossilien finden. In Chile stieß der damals 7-jährige Diego Suarez auf **Knochen einer unbekannten Art.** Der Dino bekam den Namen Chilesaurus diegosuarezi.

Diego fand die Knochen 2004.

Kurz und knapp

Der kürzeste Name eines Dinosauriers lautet **Mei.** Der Dino hatte die Größe einer Ente und wurde in China gefunden. Sein Name bedeutet „Tief schlafender Drache".

Längster Name

Der **Micropachycephalosaurus** hat von allen Dinosauriern den längsten Namen. Auf Deutsch heißt er „Kleine Dickkopf-Echse". Der Dino war höchstens 1 Meter lang.

Kannst du diesen Zungenbrecher aussprechen?

Gewaltiger Haufen

2019 wurde der größte versteinerte Kot eines Fleischfressers entdeckt. Solche Versteinerungen nennt man **Koprolithen.** Der riesige Haufen ist 67,5 Zentimeter lang und 15,7 Zentimeter breit.

Dinos heute

So viele Dinos!

Das größte Museum für Dinos und andere Tiere der Urzeit liegt in der chinesischen Provinz Shandong. Dort sind **Tausende von Fossilien und Nachbildungen** ausgestellt.

Jede Menge Eier

Über **10 000 Eier** von Dinosauriern wurden für ein Museum in der chinesischen Provinz Guangdong gesammelt. Zu den Funden gehören Eier von Oviraptoren und Hadrosauriern.

Erster Dino im All

1985 starteten erstmals Überreste eines Dinosauriers ins Weltall. **Der US-amerikanische Astronaut Loren Acton nahm die Knochen eines Maiasaura mit.**

Die Maiasaura gehörten zur Gruppe der Hadrosaurier.

Teuerstes Fossil

Die teuersten Knochen eines Dinosauriers wurden 2020 auf einer Auktion versteigert. Der **T-Rex Stan** wechselte dabei für **rund 31,8 Millionen US-Dollar** den Besitzer.

Die Versteigerung fand im Auktionshaus Christie's in New York statt.

Dinos im Kino

Die erfolgreichste Filmreihe rund um Dinosaurier war „Jurassic Park". Von 1993 bis zum 1. Juli 2015 brachten die ersten 4 Filme der Reihe zusammen **3,42 Milliarden US-Dollar** ein.

Der erste Teil der Reihe wurde von dem Regisseur Steven Spielberg verfilmt.

Beliebte Videospiele

Auch bei der Zahl der Videospiele liegt „Jurassic Park" ganz vorn. Bis zum 30. März 2017 gab es schon 14 verschiedene Spiele rund um die Filmreihe.

Riesiger Roboter-Dino

Für den Film „Jurassic Park 3" wurde **ein Spinosaurus nachgebaut.** Mit einem Gewicht von 11 339 Kilo und einer Länge von mehr als 13 Metern war er der größte Animatronic, der je für einen Film hergestellt wurde. Er konnte auf Schienen bewegt werden und brüllen.

Ein Animatronic ist eine Figur, die elektronisch bewegt und für Dreharbeiten verwendet wird.

Teurer Film

Die Herstellung der Fernsehserie „Dinosaurier – Im Reich der Giganten" **kostete pro Minute etwa 61 000 US-Dollar.** Damit war der Preis je Minute höher als bei jeder anderen Serie über wahre Ereignisse.

Luftiger Dino

Der größte Dino **aus Luftballons** war 19,64 Meter lang. Eine Gruppe von Künstlern stellte die riesige Figur 2020 in der Türkei auf.

Für den Ballon-Dino arbeiteten Fachleute aus den Niederlanden, der Türkei und Spanien zusammen.

T-Rex aus Lego®

Der US-Amerikaner Nathan Sawaya hat das größte Skelett eines Dinos aus Lego® gebaut. Sein Tyrannosaurus Rex ist **6 Meter lang.**

Der Dino besteht aus 80 020 Bausteinen.

Dino aus dem Drucker

In einem Museum in den USA steht das größte Skelett eines Dinos aus dem 3-D-Drucker. Der Nachbau eines Titanosauriers ist **etwa 37 Meter lang.**

Weil der Dino nicht ganz in den Raum passt, ragt sein Kopf in den Flur des Museums.

Riesige Party

Anfang 2019 trafen sich im US-amerikanischen Los Angeles 252 Menschen, die **als Dinos verkleidet** waren. Mit der größten Versammlung dieser Art stellten sie einen neuen Rekord auf.

NOCH MEHR REKORDE ZUM LESENLERNEN

Dinosaurier
ISBN 978-3-473-**46220**-9

Tiere
ISBN 978-3-473-**46262**-9

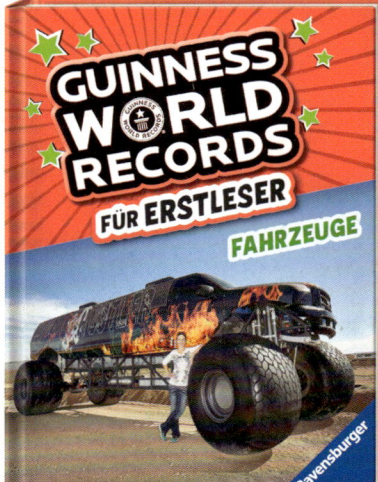

Fahrzeuge
ISBN 978-3-473-**46260**-5

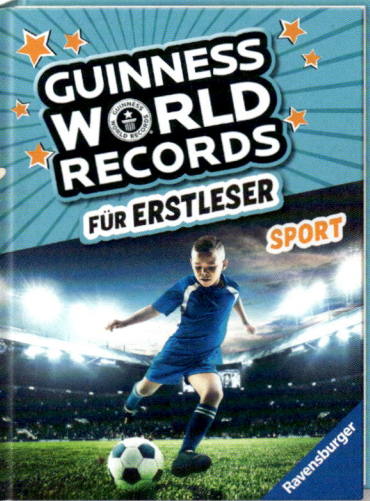

Sport
ISBN 978-3-473-**46261**-2

STICKERN, RÄTSELN & REKORDE

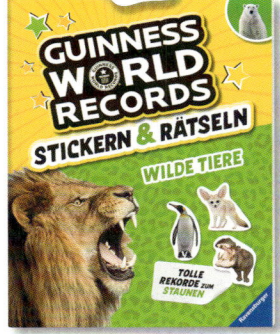

Wilde Tiere
ISBN 978-3-473-**48029**-6

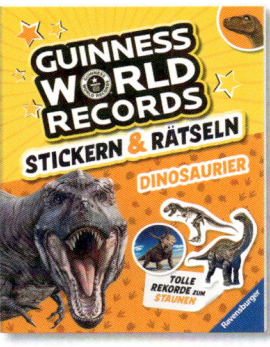

Dinosaurier
ISBN 978-3-473-**48949**-7

WOW!

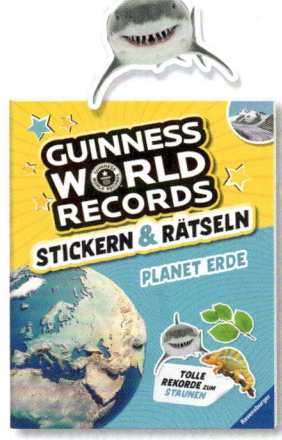

Planet Erde
ISBN 978-3-473-**48000**-5

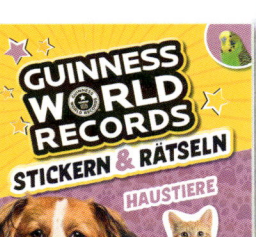

Haustiere
ISBN 978-3-473-**48950**-3

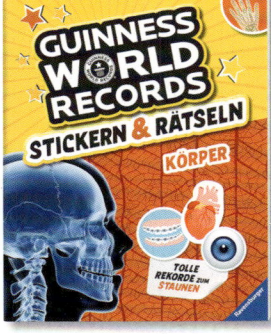

Körper
ISBN 978-3-473-**48026**-5

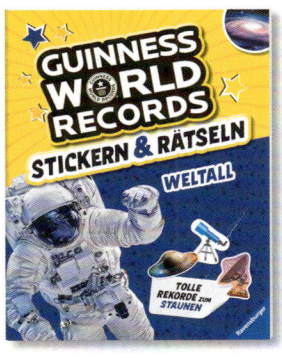

Weltall
ISBN 978-3-473-**48028**-9

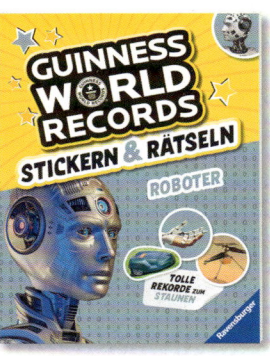

Roboter
ISBN 978-3-473-**48951**-0

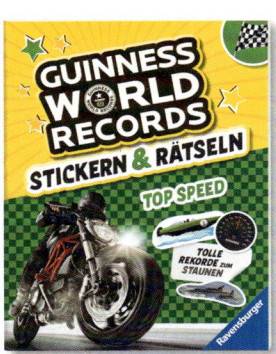

Top Speed
ISBN 978-3-473-**48952**-7

Ravensburger